Impressum
Verlag: BABADADA GmbH, Nedderfeld 112 , 22529 Hamburg
Geschäftsführer / Verlagsleitung: Harald Hof
Druck: Books on Demand GmbH, In de Tarpen 42, 22848 Norderstedt

Imprint
Publisher: BABADADA GmbH, Nedderfeld 112 , 22529 Hamburg, Germany
Managing Director / Publishing direction: Harald Hof
Print: Books on Demand GmbH, In de Tarpen 42, 22848 Norderstedt, Germany

# школа

# школа

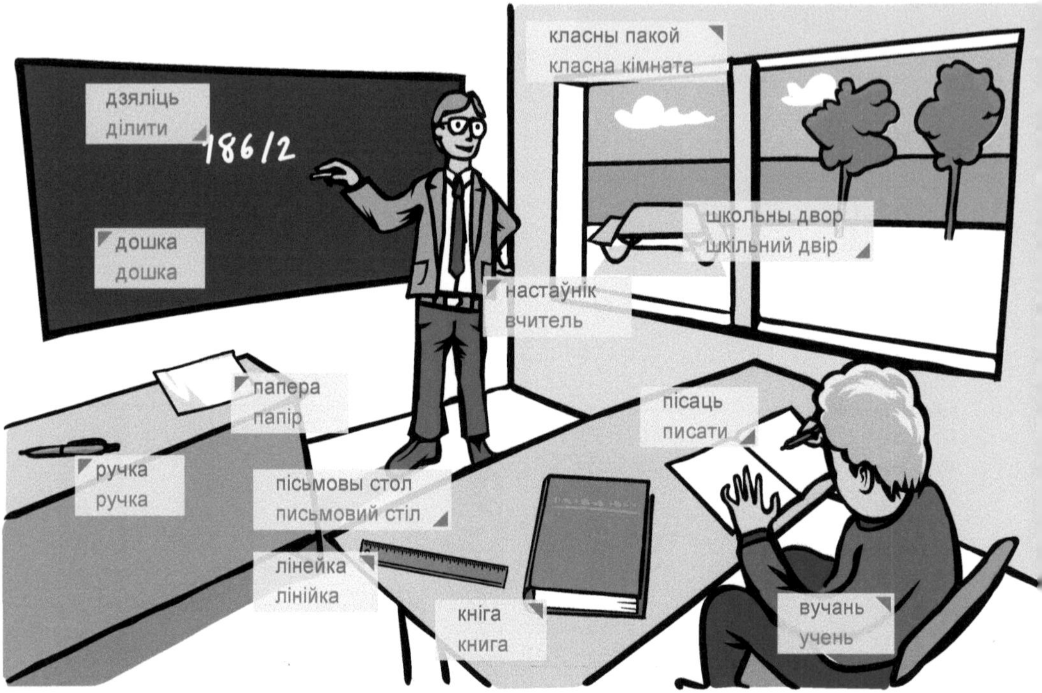

класны пакой
класна кімната
дзяліць
ділити
186/2
дошка
дошка
школьны двор
шкільний двір
настаўнік
вчитель
папера
папір
пісаць
писати
ручка
ручка
пісьмовы стол
письмовий стіл
лінейка
лінійка
кніга
книга
вучань
учень


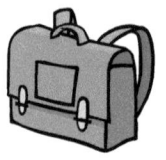

ранец

ранець

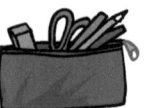

пенал

пенал

просты аловак

олівець

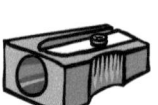

тачылка для алоўкаў

точило

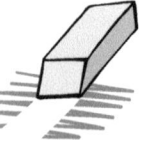

гумка

гумка

альбом для малявання

альбом для малювання

малюнак

малюнок

пэндзлік

пензель

фарбы

коробка фарб

нажніцы

ножиці

клей

клей

сшытак

зошит

хатняе заданне

домашнє завдання

**12**

лік

число

**2+2**

дадаваць

додавати

**5-2**

адымаць

віднімати

**2✕2**

множыць

множити

лічыць

рахувати

**A**

літара

літера

**ABCDEFG HIJKLMN OPQRSTU VWXYZ**

алфавіт

абетка

**hello**

слова

слово

тэкст

текст

чытаць

читати

крэйда

крейда

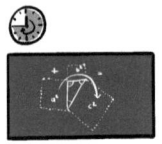

ўрок

година

класны журнал

класний журнал

экзамен

екзамен

атэстат

диплом

школьная форма

шкільна форма

адукацыя

освіта

энцыклапедыя

лексикон

універсітэт

університет

мікраскоп

мікроскоп

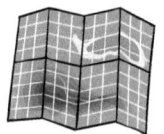

карта

карта

смеццевы кошык

кошик для паперу

# падарожжа

# подорож

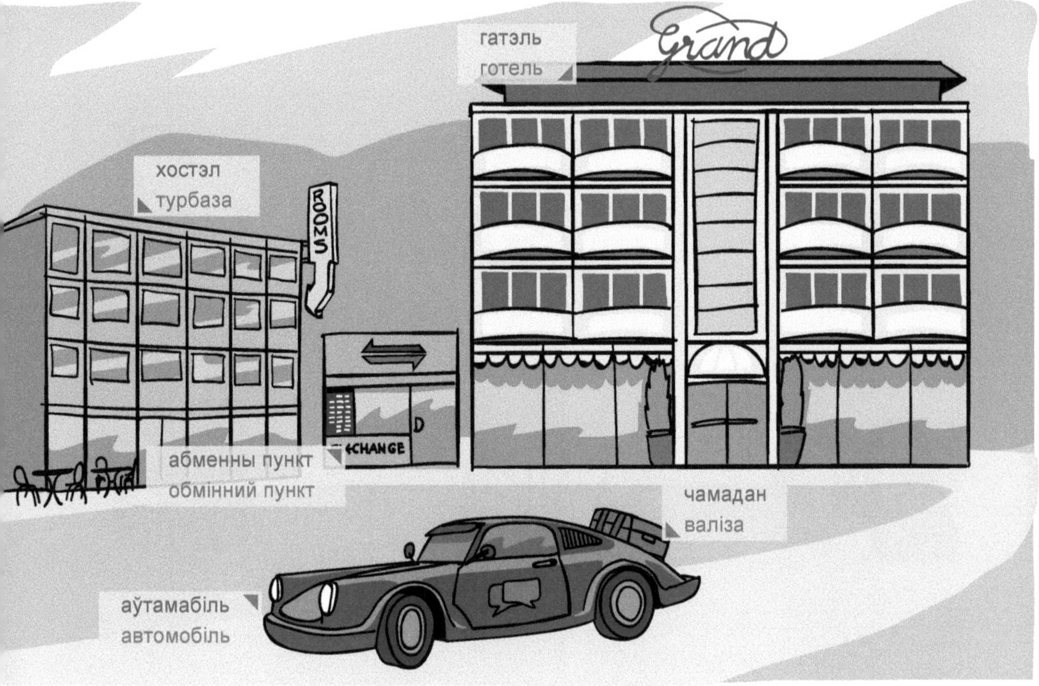
гатэль
готель
Grand
хостэл
турбаза
ROOMS
абменны пункт
обмінний пункт
EXCHANGE
чамадан
валіза
аўтамабіль
автомобіль

мова

мова

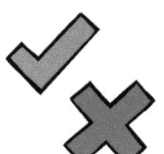

так / не

так / ні

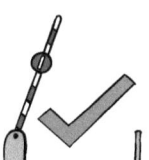

добра

добре

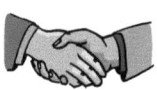

прывітанне!

привіт

перакладчык

перекладач

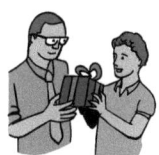

дзякуй

дякую

Колькі каштуе....?

Скільки коштує ...?

я не разумею

Я не розумію

праблема

проблема

Добры вечар!

Добрий вечір!

Добрай раніцы!

Доброго ранку!

Дабранач!

На добраніч!

да пабачэння

До побачення

кірунак

напрямок

багаж

багаж

сумка

сумка

заплечнік

рюкзак

госць

гість

пакой

кімната

спальны мяшок

спальний мішок

палатка

намет

інфармацыя для турыстаў

туристична інформація

пляж

пляж

крэдытная картка

кредитна картка

снеданне

сніданок

абед

обід

вячэра

вечеря

праязны білет

квиток

ліфт

ліфт

паштовая марка

поштова марка

мяжа

межа

мытня

митниця

пасольства

посольство

віза

віза

пашпарт

паспорт

# транспарт

## транспорт

самалёт
літак

карабель
корабель

пажарная машына
пожежна машина

аўтобус
автобус

грузавік
вантажний автомобіль

маторная лодка
моторний човен

ровар
велосипед

аўтамабіль
автомобіль

паром
--------
пором

лодка
--------
човен

матацыкл
--------
мотоцикл

паліцэйская машына
--------
поліцейська машина

гоначны аўтамабіль
--------
гоночний автомобіль

арэндаваны аўтамабіль
--------
автомобіль на прокат

сумеснае карыстанне аўтамабілем

спільне користування авто

эвакуатар

евакуатор

смеццявоз

сміттєвоз

матор

двигун

паліва

паливо

запраўка

автозаправна станція

дарожны знак

дорожній знак

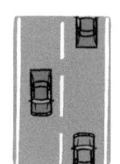

дарожны рух

рух

затор

затор

паркоўка

стоянка

чыгуначная станцыя

вокзал

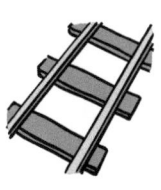

рэйкі

рейки

цягнік

потяг

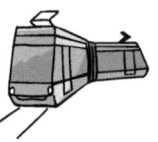

трамвай

трамвай

вагон

вагон

верталёт

гелікоптер

аэрапорт

аеропорт

вежа

вежа

пасажыр

пасажир

кантэйнер

контейнер

кардонная скрыня

коробка

тачка

візок

карзіна

кошик

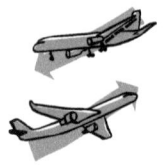

ўзлятаць / прызямляцца

стартувати / приземлятися

## горад

## місто

вёска

село

цэнтр горада

центр міста

дом

дім

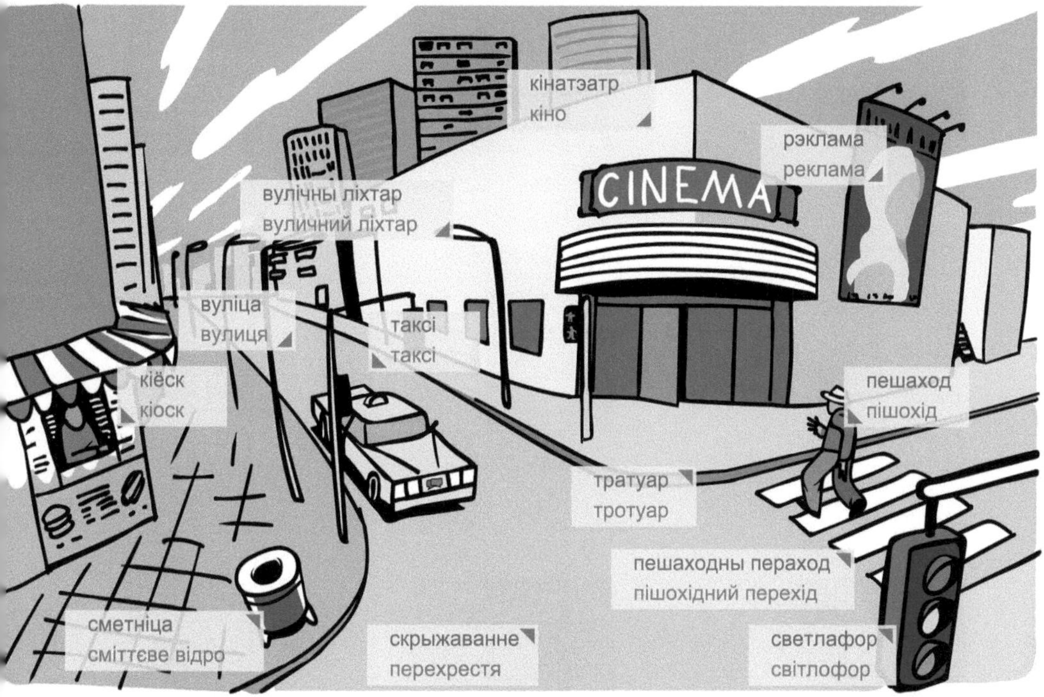
CINEMA
кінатэатр
кіно
рэклама
реклама
вулічны ліхтар
вуличний ліхтар
вуліца
вулиця
таксі
таксі
кіёск
кіоск
пешаход
пішохід
тратуар
тротуар
пешаходны пераход
пішохідний перехід
сметніца
сміттєве відро
скрыжаванне
перехрестя
светлафор
світлофор

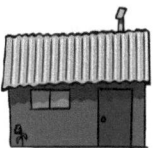

халупа

хатина

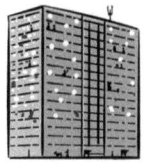

кватэра

квартира

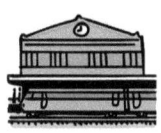

чыгуначная станцыя

вокзал

ратуша

ратуша

MUSEUM

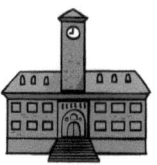

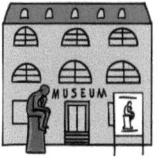

музей

музей

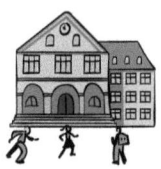

школа

школа

універсітэт

універститет

банк

банк

шпіталь

лікарня

гатэль

готель

аптэка

аптека

офіс

офіс

кнігарня

книжковий магазин

крама

магазин

кветкавая крама

квітковий магазин

супермаркет

супермаркет

кірмаш

ринок

універмаг

універмаг

рыбная крама

торговець рибою

гандлевы цэнтр

торговельний центр

порт

гавань

парк

парк

лава

лава

мост

міст

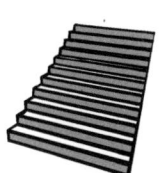

лесвіца

сходи

метро

метро

тунэль

тунель

прыпынак

автобусна зупинка

бар

бар

рэстаран

ресторан

паштовая скрыня

поштова скринька

вулічны паказальнік

вулична табличка

паркамат

лічильник паркування

заапарк

зоопарк

басейн

басейн

мячэць

мечеть

сядзіба
ферма

забруджванне
навакольнага асяроддзя

забруднення навколишнього середовища

могілкі
кладовище

царква
церква

пляцоўка для гульні
дитячий майданчик

храм
храм

## краявід
## ландшафт

ліст
листок

паказальнік
вказівний стовп

дарога
шлях

луг
луг

камень
камінь

дрэва
дерево

падарожнік
мандрівник

рака
річка

трава
трава

кветка
квітка

даліна
долина

гара
гора

возера
озеро

лес
ліс

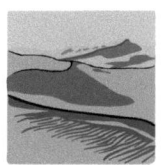

пустыня
пустеля

вулкан
вулкан

замак
замок

вясёлка
веселка

грыб
гриб

пальма
пальма

камар
комар

муха
муха

мурашка
мурашка

пчала
бджола

павук
павук

жук

жук

жаба

жаба

вавёрка

вивірка

вожык

їжак

заяц

заєць

сава

сова

птушка

птах

лебедзь

лебідь

дзік

кабан

алень

олень

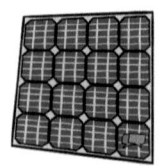

лось

лось

плаціна

гребля

вятрак

вітряк

сонечная батарэя

сонячний модуль

клімат

клімат

# рэстаран
# ресторан

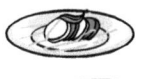

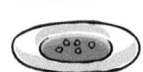

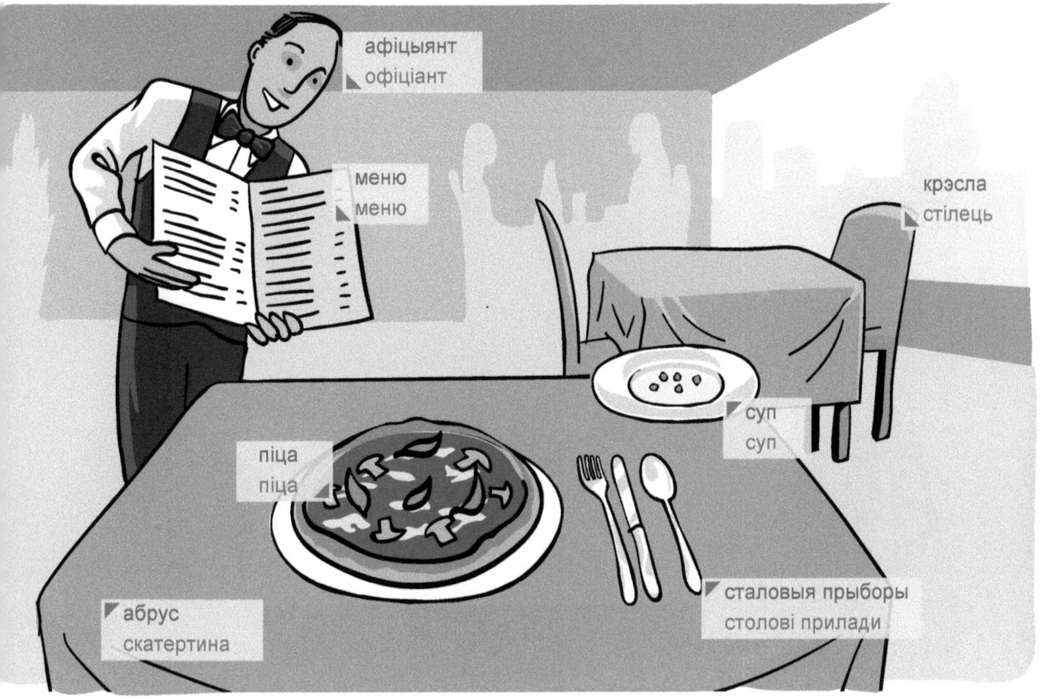

афіцыянт
афіціант
меню
меню
крэсла
стілець
суп
суп
піца
піца
сталовыя прыборы
столові прилади
абрус
скатертина


закуска

закуска

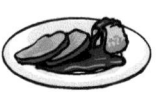

другая страва

друга страва

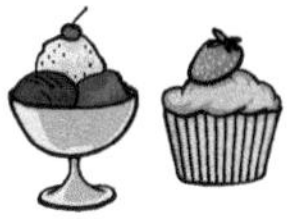

дэсерт

десерт

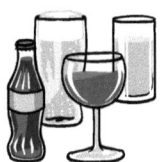

напоі

напої

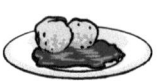

ежа

їжа

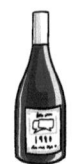

бутэлька

пляшка

хуткае харчаванне (фаст-фуд)

фаст-фуд

стрыт-фуд

вулична їжа

імбрык (чайнік)

чайник

цукарніца

цукорниця

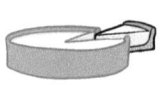

порцыя

порція

эспрэса-машына

еспресо-машина

дзіцячае крэселка

високий стільчик

рахунак

рахунок

паднос

піднос

нож

ніж

відэлец

вилка

лыжка

ложка

чайная лыжка

чайна ложка

сурвэтка

серветка

шклянка

склянка

рэстаран - ресторан

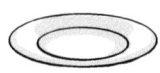

талерка

тарілка

супавая талерка

тарілка для супу

сподак

блюдце

соус

соус

сальніца

солонка

млынок для перцу

млин для перцю

воцат

оцет

алей

масло

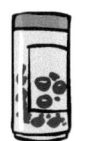

спецыі

спеції

кетчуп

кетчуп

гарчыца

гірчиця

маянэз

майонез

# супермаркет

# супермаркет

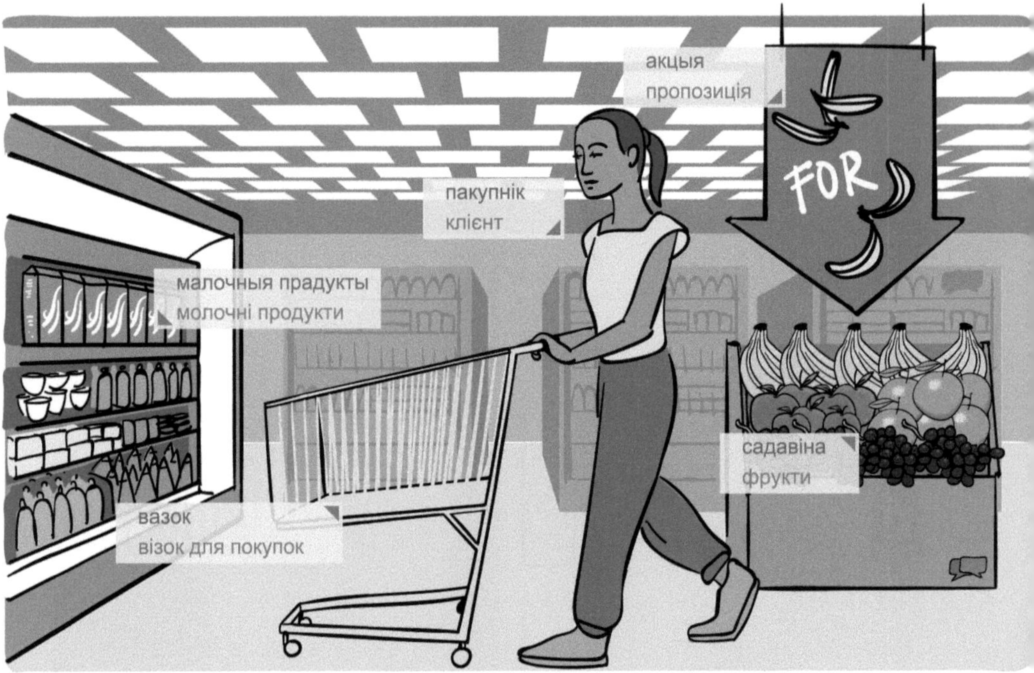
акцыя
пропозиція
FOR
пакупнік
клієнт
малочныя прадукты
молочні продукти
садавіна
фрукти
вазок
візок для покупок

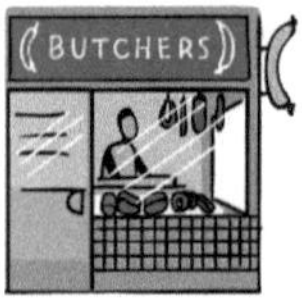
BUTCHERS

мясная крама

м'ясний магазин

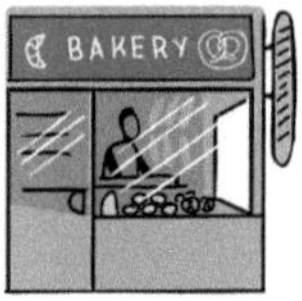
BAKERY

хлебны магазін

пекарня

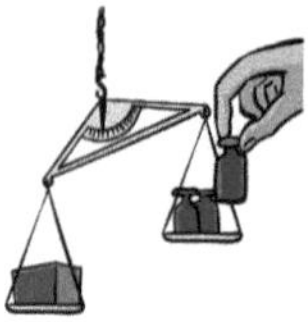

важыць

зважувати

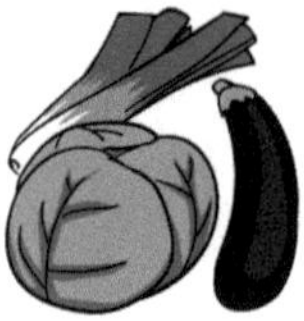

гароднiна

овочі

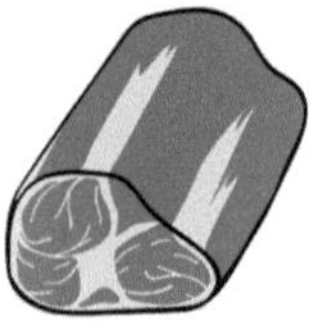

мяса

м'ясо

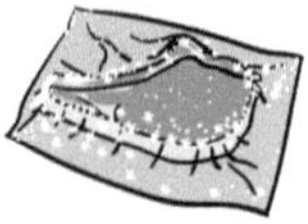

свежазамарожаныя прадукты

заморожені продукти

**нарэзка**

ковбасна нарізка

**кансервы**

консерви

**пральны парашок**

пральний порошок

**прысмакі**

солодощі

**хатнія прылады**

предмети домашнього побуту

**чысцячы сродак**

мийний засіб

**прадавец**

продавщиця

**каса**

каса

**касір**

касир

**спіс пакупак**

список покупок

**гадзіны працы**

часи роботи

**бумажнік**

гаманець

**крэдытная картка**

кредитна картка

**сумка**

сумка

**пакет**

поліетиленовий пакет

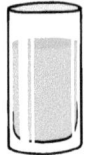

вада

вода

сок

сік

малако

молоко

кола

кола

віно

вино

піва

пиво

алкаголь

алкоголь

какава

какао

гарбата (чай)

чай

кава

кава

эспрэса

еспресо

капучына

капучіно

банан

банан

яблык

яблуко

апельсін

апельсин

дыня

кавун

лімон

лимон

морква

морква

часнок

часник

бамбук

бамбук

цыбуля

цибуля

грыб

гриб

арэхі

горішки

локшына

локшина

спагеці

спагеті

рыс

рис

салата

салат

бульба фры

картопля фрі

смажаная бульба

смажена картопля

піца

піца

гамбургер

гамбургер

бутэрброд

бутерброд

шніцаль

шніцель

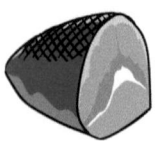

вяндліна

шинка

салямі

салямі

каўбаса

ковбаса

курыца

курка

смажаніна

печеня

рыбак

риба

аўсяныя камякі

вівсяні пластівці

мюслі

мюслі

кукурузныя шматкі

кукурудзяні пластівці

мука

борошно

круасан

круасан

булачка

булочка

хлеб

хліб

тост

тостовий хліб

пячэнне

печиво

масла

масло

тварог

сир

пірог

пиріг

яйка

яйце

яечня

яєчня

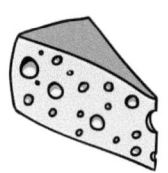

сыр

сир

ежа - їжа

марожанае

морозиво

цукар

цукор

мёд

мед

варэнне

мармелад

нуга

нуга-крем

кары

карі

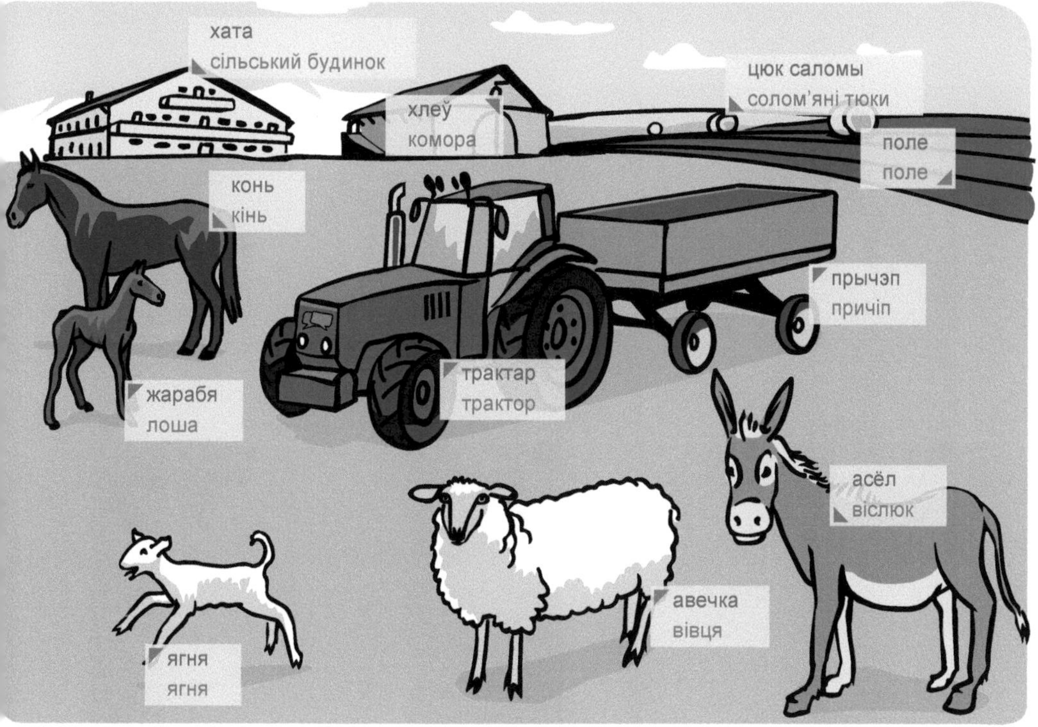

хата
сільський будинок

цюк саломы
солом'яні тюки

хлеў
комора

поле
поле

конь
кінь

прычэп
причіп

жарабя
лоша

трактар
трактор

асёл
віслюк

ягня
ягня

авечка
вівця

каза

коза

карова

корова

цяля

теля

свіння

свиня

парася

порося

бык

бик

гусак
гусак

качка
качка

кураня
курча

курыца
курка

певень
півень

пацук
щур

кот
кіт

мыш
миша

вол
віл

сабака
собака

сабачая будка
собача будка

садовы шланг
садовий шланг

палівачка
лійка

каса
коса

плуг
плуг

28                                    сядзіба - ферма

серп

серп

матыка

мотика

вілы для гною

вила

сякера

сокира

тачка

тачка

карыта

корито

бітон для малака

бідон молока

мех

мішок

плот

паркан

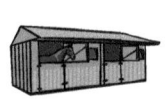

хлеў

хлів

цяпліца

теплиця

глеба

ґрунт

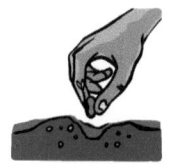

насенне

насіння

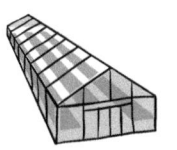

угнаенне

добриво

камбайн

комбайн

збіраць ураджай

пожинати

ураджай

урожай

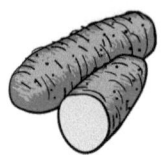

ямс

корінь ямсу

пшаніца

пшениця

соя

соя

бульба

картопля

кукуруза

кукурудза

рапс

ріпак

садовае дрэва

плодове дерево

маніёк

маніок

збожжа

злаки

комін
димохід

дах
дах

вадасцёк
водостічний лоток

акно
вікно

гараж
гараж

званок
дзвінок

дзверы
двері

вядро для смецця
відро для сміття

паштовая скрыня
поштова скринька

сад
сад

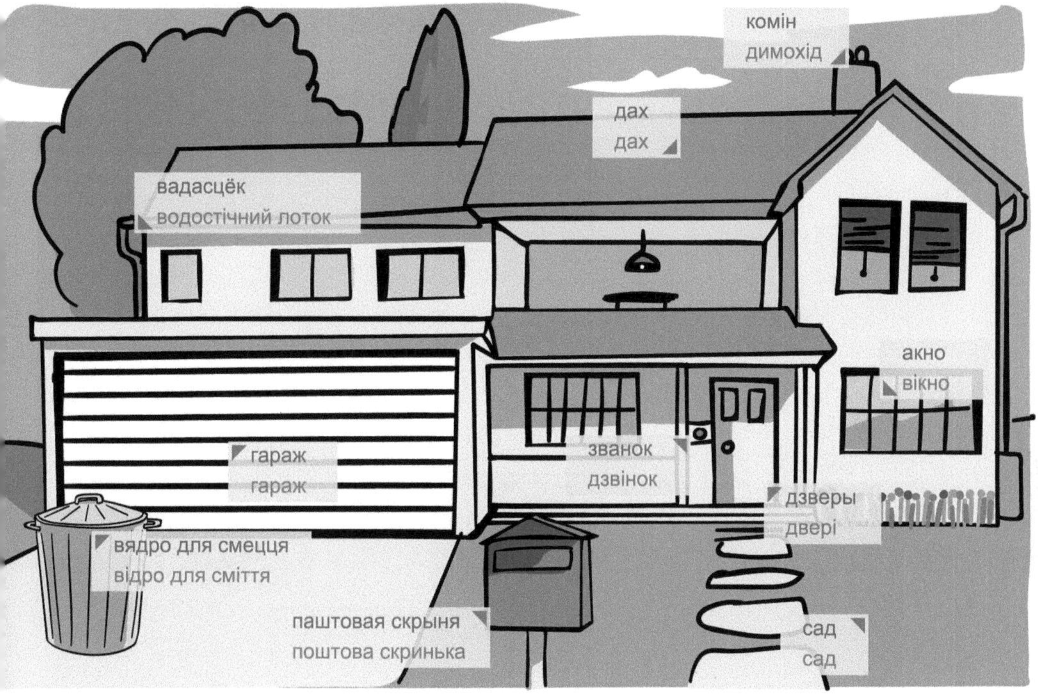

жылы пакой

вітальня

ванная

ванна кімната

кухня

кухня

спальны пакой

спальня

дзіцячы пакой

дитяча кімната

сталоўка

їдальня

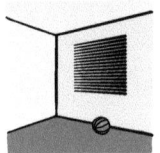

падлога

підлога

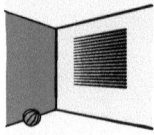

сцяна

стіна

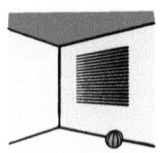

столь

стеля

падвал

підвал

саўна

сауна

балкон

балкон

тэраса

тераса

басейн

басейн

касілка

косарка

падкоўдранік

простирало

коўдра

ковдра

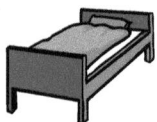

ложак

ліжко

венік

мітла

вядро

відро

выключальнік

перемикач

# вітальня

шпалеры
шпалери
малюнак
малюнок
лямпа
лампа
паліца
поличка
шафа
шафа
тэлевізар
телевізор
камін
камін
кветка
квітка
падушка
подушка
канапа
диван
ваза
ваза
пульт
пульт

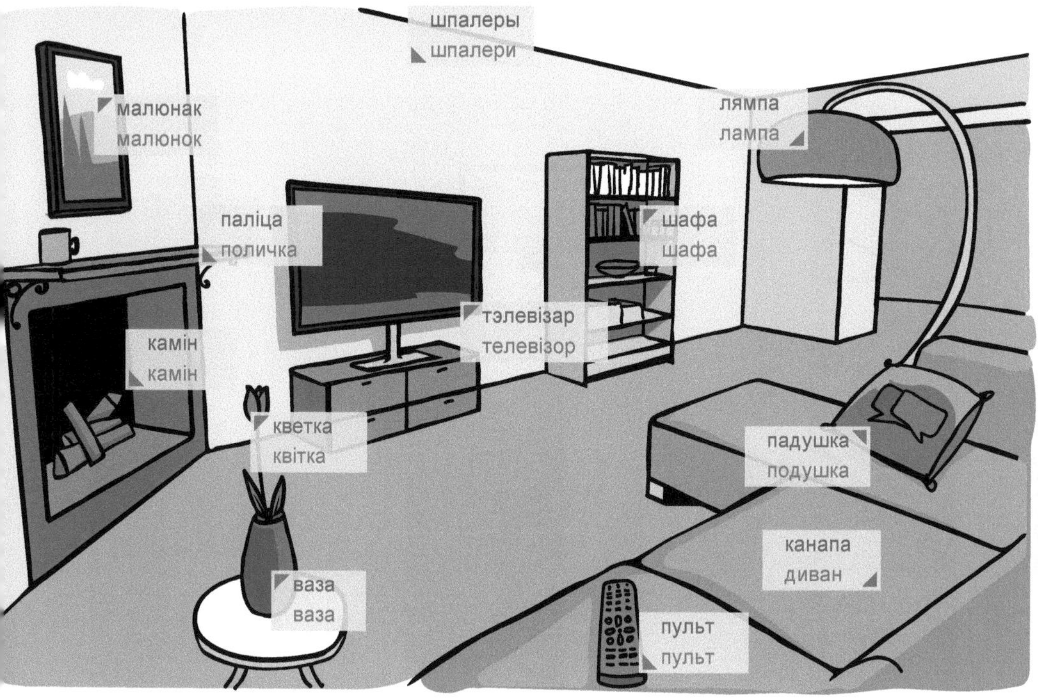

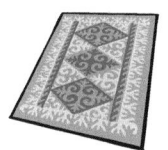

дыван

килим

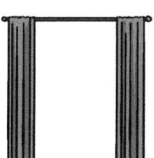

фіранка

завіса

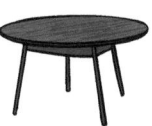

стол

стіл

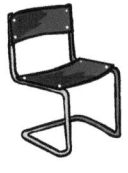

крэсла

стілець

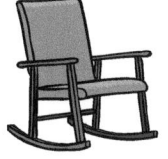

крэсла-качалка

крісло-гойдалка

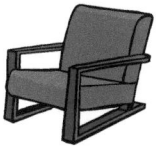

крэсла

крісло

кніга

книга

коўдра

ковдра

дэкарацыя

прикраса

дровы

дрова

кіно

фільм

стэрэасістэма

стереосистема

ключ

ключ

газета

газета

карціна

картина

постар

плакат

радыё

радіо

нататнік

блокнот

пыласос

пилосос

кактус

кактус

свечка

свічка

# кухня

# кухня

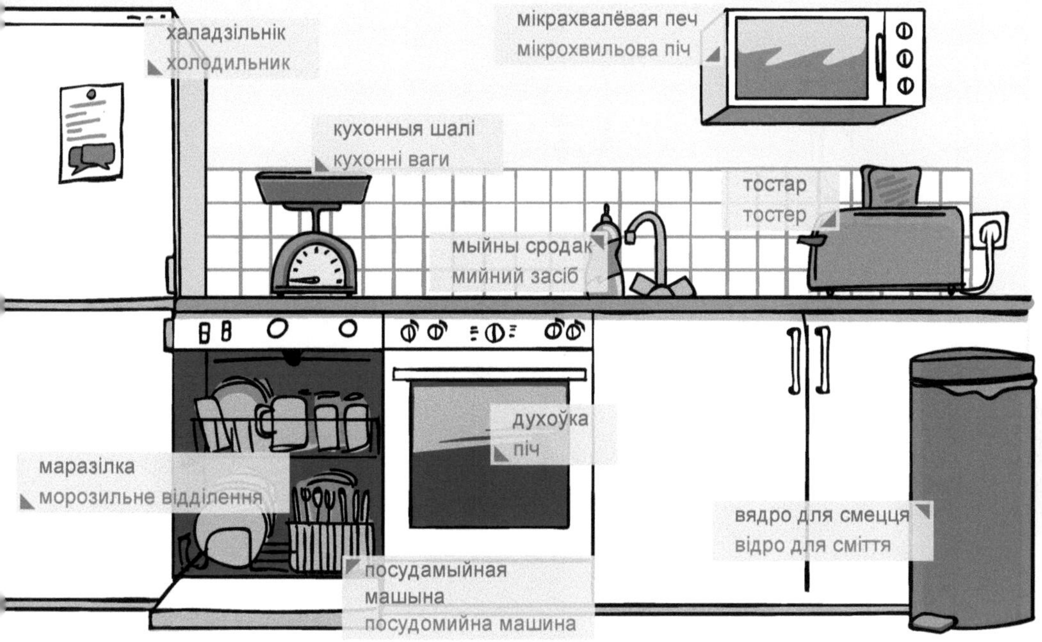

халадзільнік
холодильник
мікрахвалёвая печ
мікрохвильова піч
кухонныя шалі
кухонні ваги
тостар
тостер
мыйны сродак
мийний засіб
духоўка
піч
маразілка
морозильне відділення
вядро для смецця
відро для сміття
посудамыйная машына
посудомийна машина


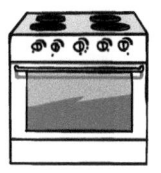

пліта

плита

рондаль

горщик

чыгунок

чавунний горщик

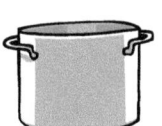

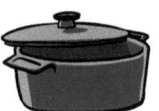

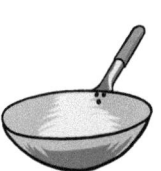

Вок / кадаі

вок / кадай

патэльня

сковорода

чайнік

чайник

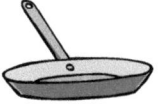

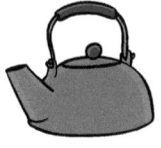

параварка

пароварка

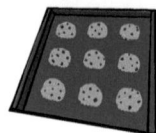

бляха

лист

посуд

посуд

кубак

кухоль

міска

чаша

палачкі для ежы

палички для їжі

чарпак

черпак

лапатачка

лопатка

збівалка

вінчик для збивання

сіта для варэння

сито

сіта

сито

тарка

терка

ступка

ступка

грыль

барбекю

вогнішча

багаття

дошка

дошка

качалка

качалка

штопар

штопор

бляшанка

конзерва

адкрывалка

відкривачка

прыхваткі

прихватки

ракавіна

раковина

шчотка

щітка

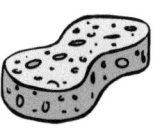

губка

губка

міксер

міксер

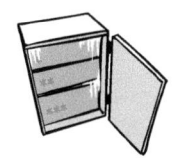

маразільная камера

морозильна камера

бутэлечка

дитяча пляшка

вадаправодны кран

кран

# ванная

# ванна кімната

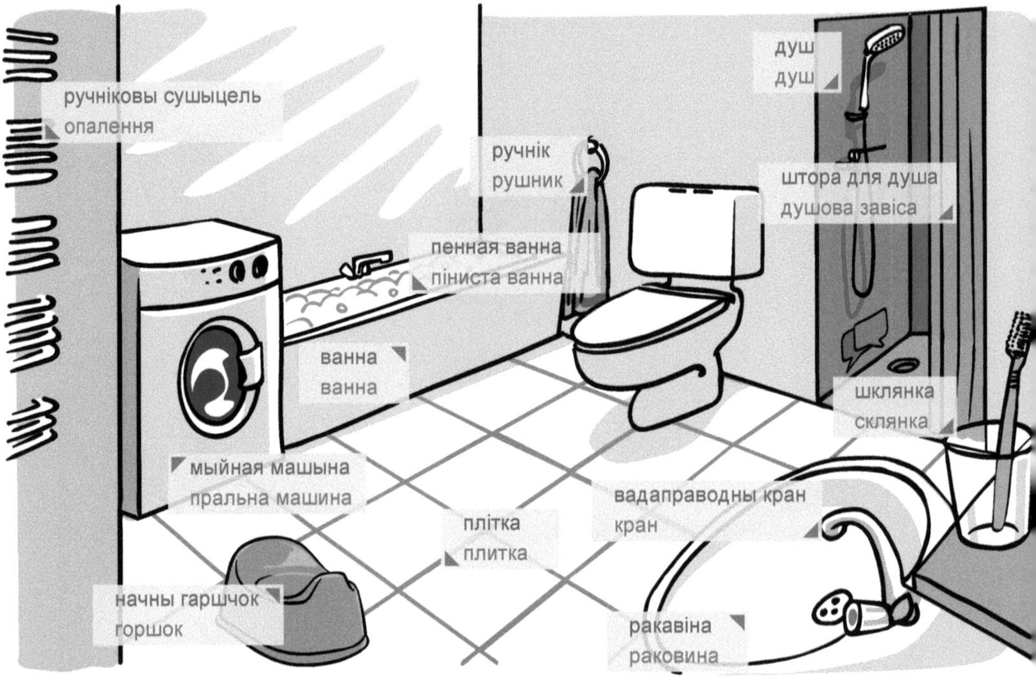

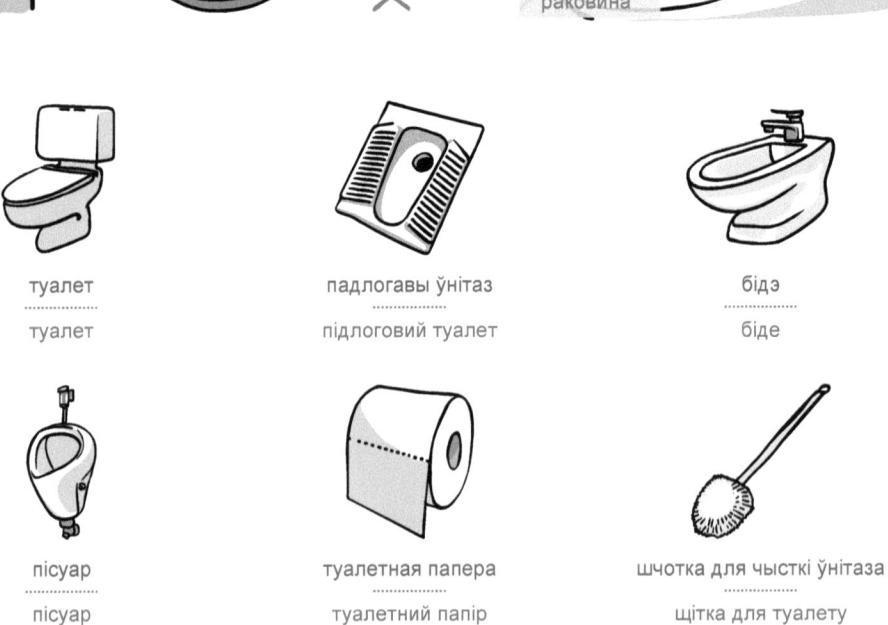

ручніковы сушыцель
опалення
душ
душ
ручнік
рушник
штора для душа
душова завіса
пенная ванна
пiниста ванна
ванна
ванна
шклянка
склянка
мыйная машына
пральна машина
вадаправодны кран
кран
плітка
плитка
начны гаршчок
горшок
ракавіна
раковина


туалет

туалет

падлогавы ўнітаз

підлоговий туалет

бідэ

біде

пісуар

пісуар

туалетная папера

туалетний папір

шчотка для чысткі ўнітаза

щітка для туалету

зубная шчотка

зубна щітка

зубная паста

зубна паста

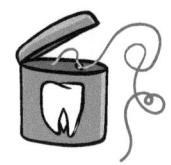

зубная нітка

нитка для чищення зубів

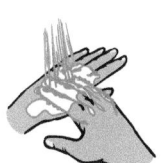

мыць

мити

ручны душ

ручний душ

інтымны душ

інтимний душ

умывальнік

таз

шчотка для спіны

щітка для спини

мыла

мило

гель для душа

гель для душу

шампунь

шампунь

вяхотка

мочалка

вадасцёк

водостік

крэм

крем

дэзадарант

дезодорант

люстэрка

дзеркало

касметычнае люстэрка

косметичне дзеркало

станок для галення

бритва

пена для галення

піна для гоління

ласьён пасля галення

лосьйон після гоління

грэбень

гребінь

шчотка

щітка

фен

фен

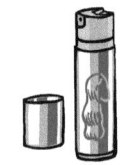

лак для валасоў

лак для волосся

касметыка

косметика

памада

губна помада

лак для пазногцяў

лак для нігтів

вата

вата

манікюрныя нажніцы

ножиці для нігтів

духі

парфум

касметычка

косметичка

табурэтка

табурет

вагі

ваги

лазневы халат

халат

санітарныя пальчаткі

гумові рукавички

тампон

тампон

гігіенічныя пракладкі

гігієнічні прокладки

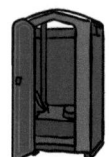

біятуалет

біотуалет

# дзіцячы пакой

# дитяча кімната

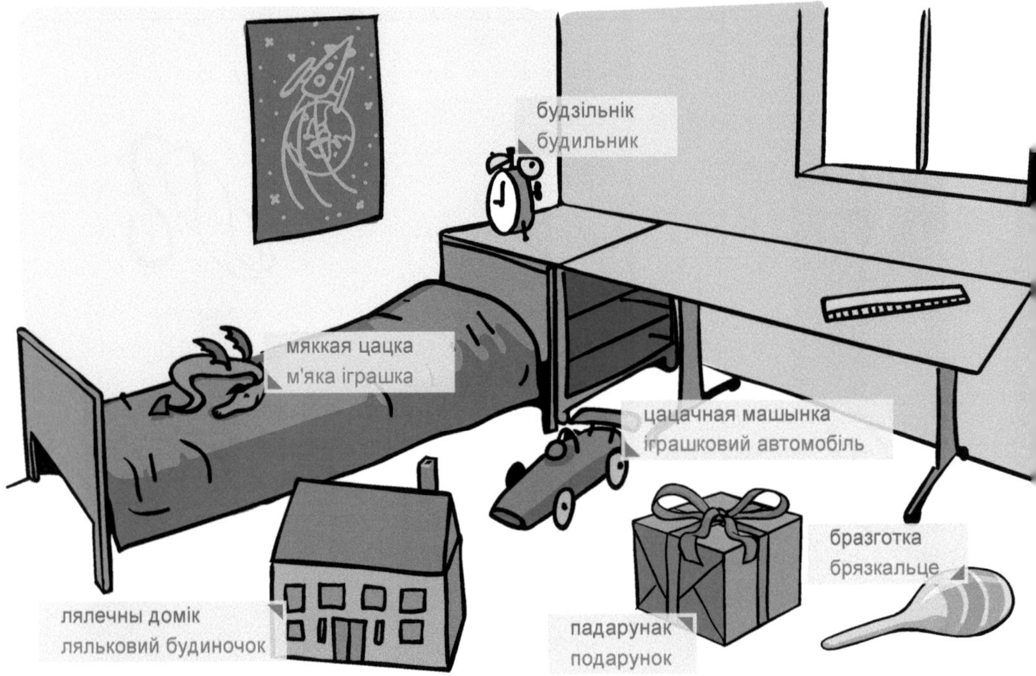
будзільнік
будильник
мяккая цацка
м'яка іграшка
цацачная машынка
іграшковий автомобіль
бразготка
брязкальце
лялечны домік
ляльковий будиночок
падарунак
подарунок

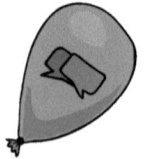

надзіманы шарык

повітряна кулька

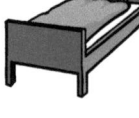

ложак

ліжко

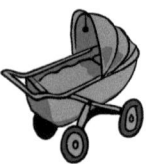

дзіцячая каляска

дитячий візок

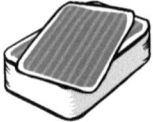

калода картаў

картярська гра

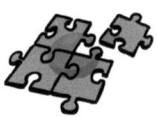

пазл

пазл

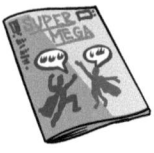

комікс

комікс

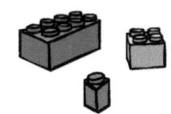

**канструктар "Лега"**

лего цеглинки

**канструктар**

блоки

**экшэн-фігурка**

іграшкова фігурка

**дзіцячы гарнітур**

повзунки

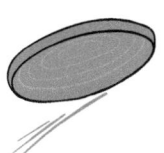

**фрызбі**

фризбі

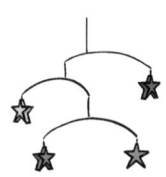

**дзіцячы мабіль**

мобіле

**настольная гульня**

настільна гра

**кубік**

кубик

**дзіцячая чыгунка**

модель залізнична станція

**пустышка**

соска

**дзіцячае свята**

вечірка

**кніга з малюнкамі**

книжка з картинками

**мячык**

м'яч

**лялька**

лялька

**гуляцца**

грати

пясочніца

пісочниця

арэлі

гойдалка

цацкі

іграшка

гульнявая відэа прыстаўка

гральна консоль

трохколавы ровар

триколісний велосипед

плюшавы мішка

плюшевий мішка

шафа

шафа

## адзенне
## одяг

шкарпэткі

шкарпетки

панчохі

панчохи

калготкі

колготки

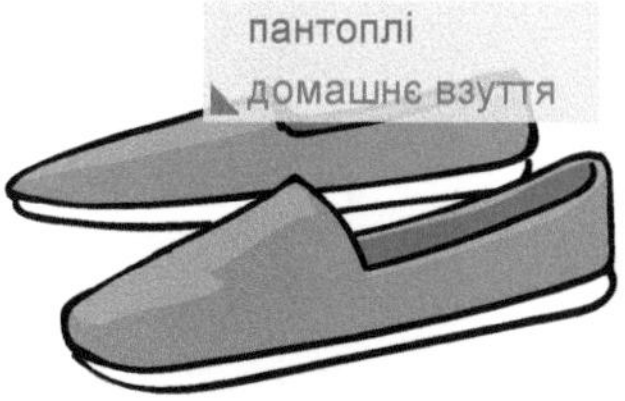

шалік
шарф

парасон
парасоля

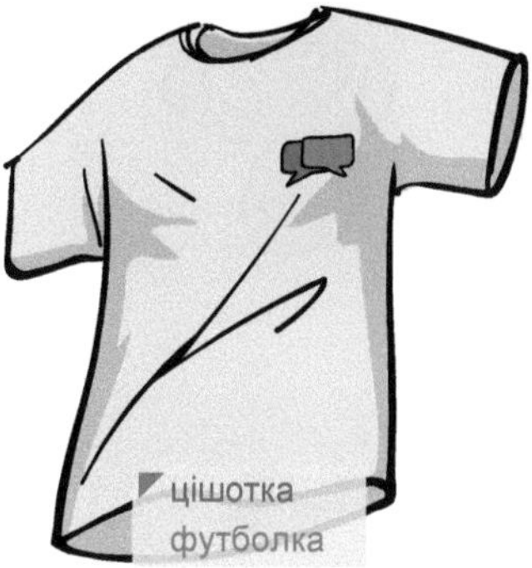

рамень
ремінь

цішотка
футболка

боты
чоботи

красоўкі
кросівки

пантоплі
домашнє взуття

сандалі
сандалі

абутак
взуття

гумовыя боты
гумові чоботи

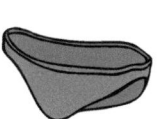

трусы
труси

бюстгальтар
бюстгальтер

майка
нижня сорочка

adзенне - одяг

45

бодзі

боді

штаны

штани

джынсы

джинси

спадніца

спідниця

блузка

блузка

кашуля

сорочка

джэмпер

пуловер

талстоўка

светр

блэйзер

піджак

куртка

куртка

паліто

пальто

дажджавік

дощовик

касцюм

костюм

сукенка

сукня

вясельная сукенка

весільна сукня

касцюм

костюм

начная сарочка

нічна сорочка

піжама

піжама

сары

сарі

хустка

головна хустка

цюрбан

чалма

паранджа

бурка

каптан

кафтан

Абая

абая

купальнік

купальник

плаўкі

плавки

шорты

шорти

спартыўны касцюм

тренувальний костюм

фартух

фартух

пальчаткі

рукавички

гузік

гудзик

акуляры

окуляри

бранзалет

браслет

каралі

ланцюг

кальцо

кільце

завушніца

сережка

кепка

шапка

вешалка

плічка

капялюш

капелюх

гальштук

краватка

маланка

застібка-блискавка

шлем

шолом

падцяжкі

підтяжки

школьная форма

шкільна форма

уніформа

уніформа

нагруднік

нагрудник

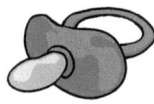

пустышка

соска

падгузнік

підгузок

сервер
сервер

канцылярская шафа
шаф для документів

папера
папір

прынтэр
принтер

манітор
монітор

мыш
миша

пісьмовы стол
письмовий стіл

тэчка
папка

клавіятура
синтезатор

смеццевы кошык
кошик для паперу

кампутар
комп'ютер

крэсла
стілець

кубак для кавы (філіжанка)

кавовий кухоль

калькулятар

калькулятор

інтэрнэт

інтернет

ноўтбук

ноутбук

ліст

лист

паведамленне

повідомлення

мабільны тэлефон

мобільний телефон

сетка

мережа

ксеракс

копіювальний пристрій

праграмнае забеспячэнне

програмне забезпечення

тэлефон

телефон

разетка

розетка

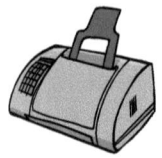

факс

факс

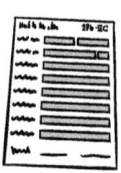

фармуляр

бланк

дакумент

документ

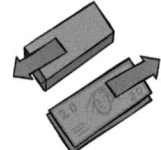

купляць

купувати

плаціць

платити

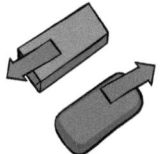

гандляваць

торгувати

грошы

гроші

долар

долар

еўра

євро

ена

ієна

рубель

рубль

франк

франк

кітайскі юань

юанів женьміньбі

рупія

рупія

банкамат

банкомат

абменны пункт

обмінний пункт

золата

золото

срэбра

срібло

нафта

нафта

энергія

енергія

цана

ціна

кантракт

контракт

падатак

податок

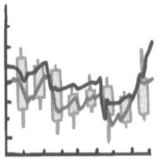

акцыя

акція

працаваць

працювати

служачы

працівник

працадаўца

роботодавець

фабрыка

фабрика

крама

магазин

# прафесіі
# професії

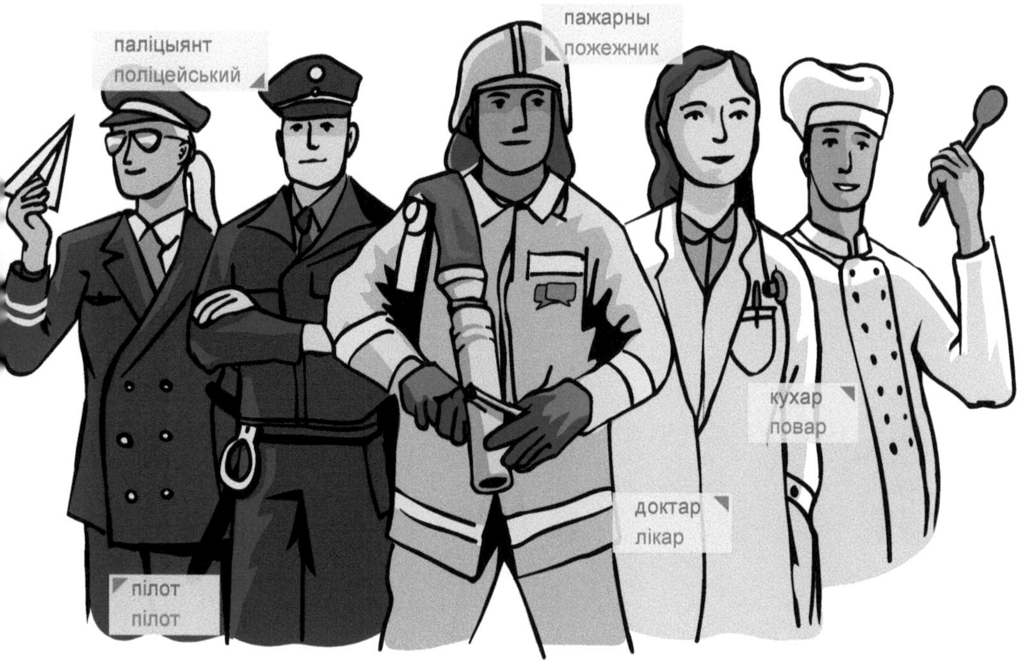
паліцыянт
поліцейський
пажарны
пожежник
кухар
повар
доктар
лікар
пілот
пілот

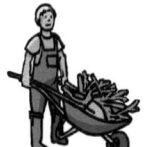

садоўнік

садівник

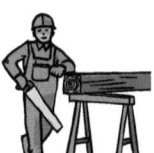

слесар

столяр

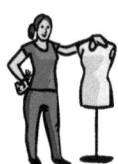

швачка

швачка

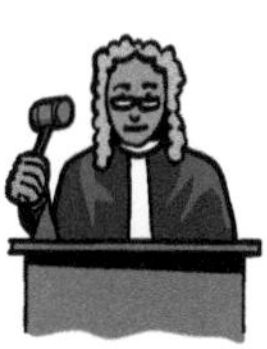

суддзя

суддя

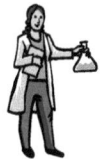

хімік

хімік

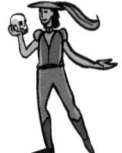

артыст

актор

кіроўца аўтобуса

водій автобуса

таксіст

таксист

рыбак

рибалка

прыбіральшчыца

прибиральниця

страхар

покрівельник

афіцыянт

офіціант

паляўнічы

мисливець

мастак

художник

пекар

пекар

электрык

електрик

будаўнік

будівельник

інжынер

інженер

мяснік

забійник

сантэхнік

бляхар

паштальён

листоноша

салдат

солдат

архітэктар

архітектор

касір

касир

фларыст

флорист

цырульнік

перукар

кандуктар

кондуктор

механік

механік

капітан

капітан

стаматолаг

дантист

вучоны

вчений

рабін

рабин

імам

імам

манах

монах

святар

пастор

прафесіі - професії

# інструменты
# інструменти

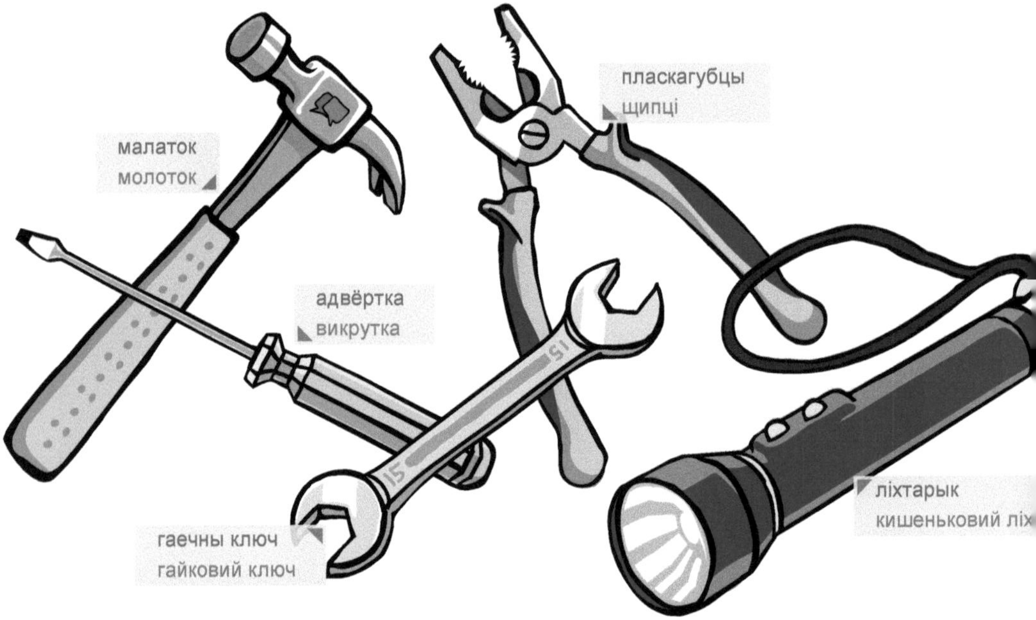

малаток
молоток
пласкагубцы
щипці
адвёртка
викрутка
ліхтарык
кишеньковий ліх
гаечны ключ
гайковий ключ


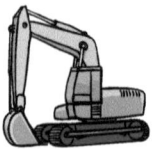

экскаватар

екскаватор

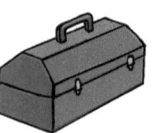

скрыня для інструментаў

ящик для інструментів

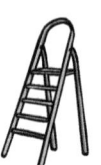

дравіны

драбина

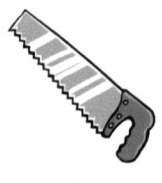

піла

пилка

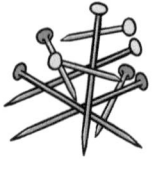

цвікі

цвяхи

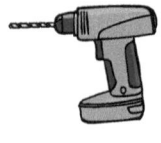

дрыль

свердло

рамантаваць

ремонтувати

рыдлеўка

лопата

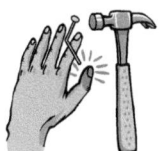

Халера!

лайно!

шуфлік для смецця

совок

вядро з фарбаю

відро з фарбою

балты

гвинти

## музычныя інструменты
## музичні інструменти

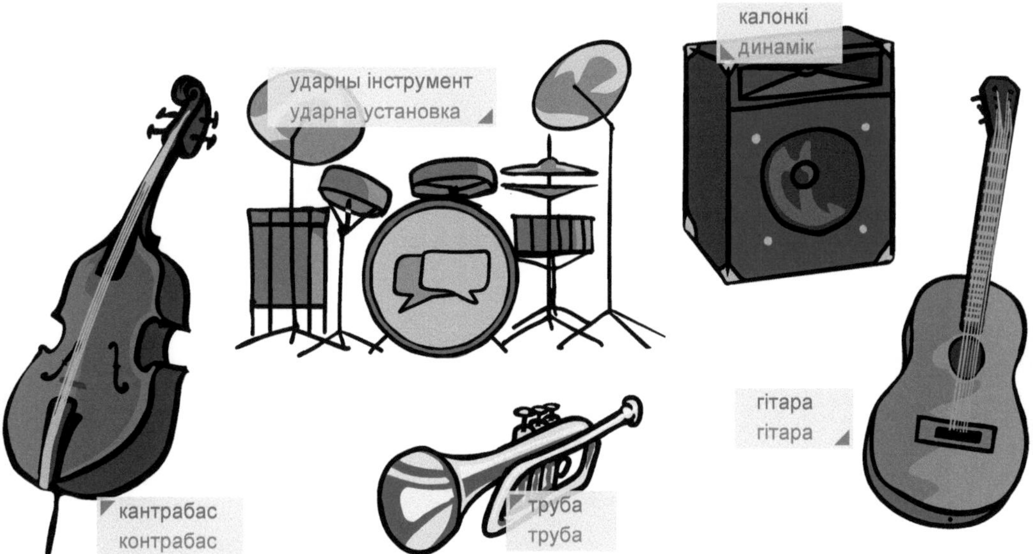

калонкі
динамік

ударны інструмент
ударна установка

гітара
гітара

кантрабас
контрабас

труба
труба

піяніна

фортепіано

скрыпка

скрипка

басгітара

бас

літаўры

литаври

барабан

барабан

клавішны электрамузычны
інструмент

клавіатура

саксафон

саксофон

флейта

флейта

мікрафон

мікрофон

музычныя інструменты - музичні інструменти

# заапарк

# зоопарк

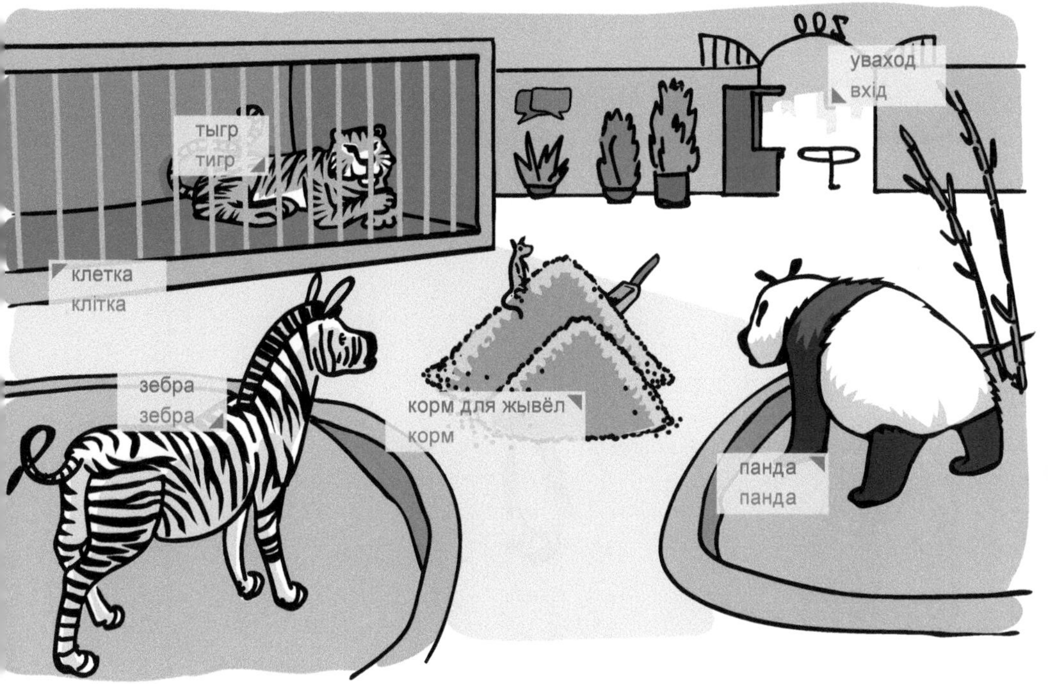

уваход
вхід
тыгр
тигр
клетка
клітка
зебра
зебра
корм для жывёл
корм
панда
панда


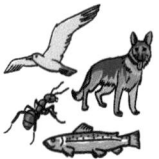

жывёлы

тварини

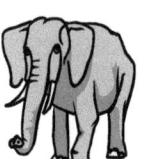

слон

слон

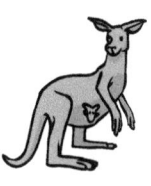

кенгуру

кенгуру

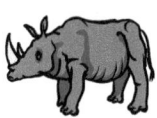

насарог

носоріг

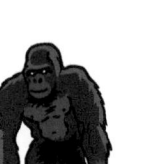

гарыла

горила

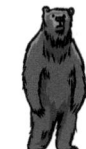

мядзведзь

ведмідь

вярблюд

верблюд

стравус

страус

леў

лев

малпа

мавпа

фламінга

фламінго

папугай

папуга

белы мядзведзь

білий ведмідь

пінгвін

пінгвін

акула

акула

паўлін

павич

змяя

змія

кракадзіл

крокодил

наглядчык заапарка

працівник зоопарку

цюлень

тюлень

ягуар

ягуар

заапарк - зоопарк

поні

поні

леапард

леопард

бегемот

гіпопотам

жыраф

жираф

арол

орел

дзік

кабан

рыбак

риба

чарапаха

черепаха

морж

морж

ліса

лисиця

газель

газель

амерыканскі футбол
американський футбол

веласпорт
їзда на велосипеді

тэніс
теніс

баскетбол
баскетбол

плаванне
плавання

бокс
бокс

хакей з шайбай
хокей

футбол
футбол

бадмінтон
бадмінтон

лёгкая атлетыка
легка атлетика

гандбол
гандбол

горныя лыжы
лижні перегони

пола
поло

# дзейнасць

## дії

смяяцца
сміятися
скакаць
стрибати
абдымаць
обіймати
іcці
йти
співаць
співати
марыць
мріяти
маліцца
молитися
цалаваць
цілувати

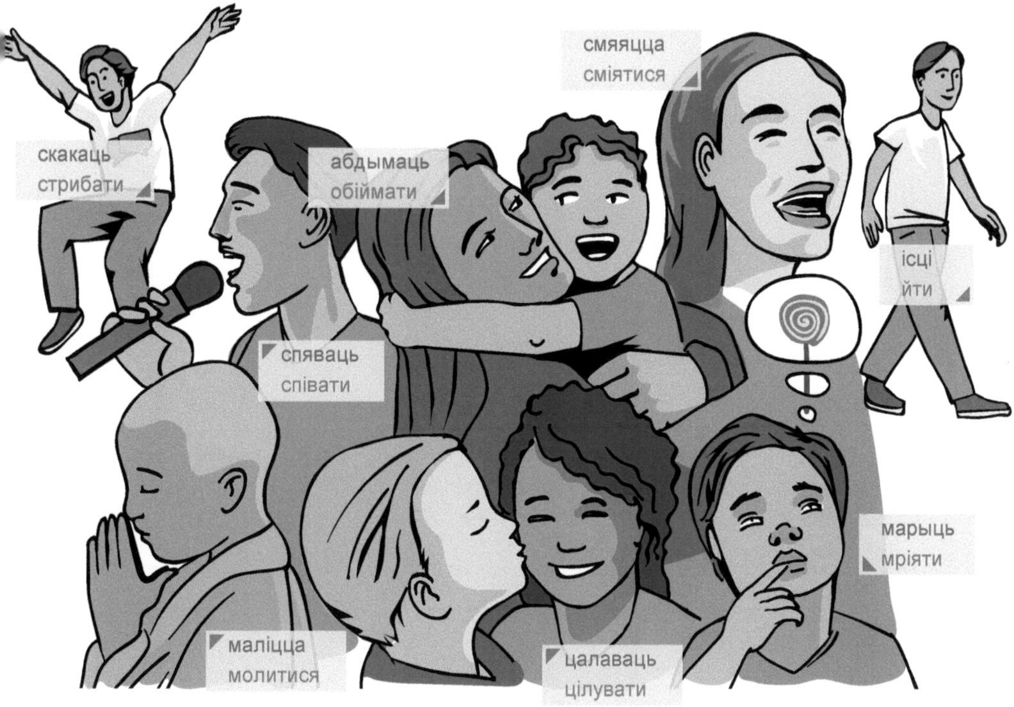

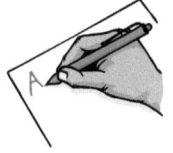

пісаць

писати

маляваць

малювати

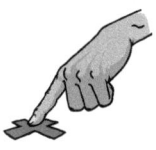

паказваць

показувати

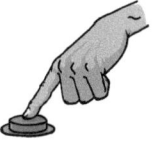

націснуць

тиснути

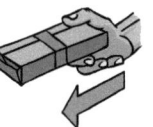

даваць

давати

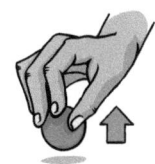

браць

брати

мaць

мати

выконваць

робити

быць

бути

стаяць

стояти

бегчы

бігати

цягнуць

тягнути

кідаць

кидати

падаць

падати

ляжаць

лежати

чакаць

очікувати

насіць

носити

сядзець

сидіти

апранацца

одягати

спаць

спати

прачынацца

просипатися

дзейнасць - дії

глядзець

дивитися

плакаць

плакати

лашчыць

гладити

прычэсвацца

розчісувати

гаварыць

розмовляти

разумець

розуміти

пытаць

питати

чуць

слухати

піць

пити

есці

їсти

прыбіраць

прибирати

кахаць

любити

гатаваць

варити

ехаць

їхати

лятаць

літати

плаваць пад ветразем

йти під вітрилом

лічыць

рахувати

чытаць

читати

вучыць

вчитися

працаваць

працювати

уступаць у шлюб

одружуватися

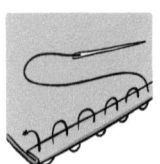

шыць

шити

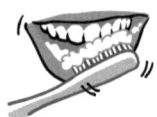

чысціць зубы

чистити зуби

забіваць

убивати

курыць

курити

пасылаць

посилати

бабуля
бабуся

дзядуля
дідуся

бацька
батько

маці
мати

дзіця
немовля

дачка
донька

сын
син

госць

гість

цётка

тітка

дзядзька

дядько

брат

брат

сястра

сестра

# цела
# тіло

лоб
чоло
вока
око
плячо
плече
палец
палець
твар
обличчя
падбародак
підборіддя
рука
кисть
нага
нога
грудзі
груди
рука
рука


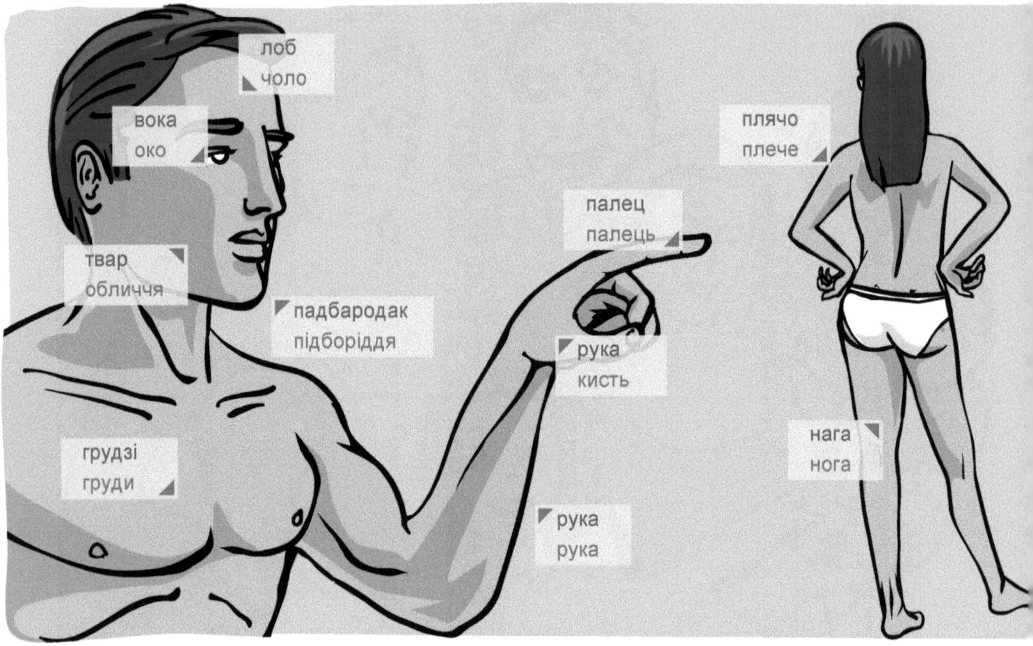

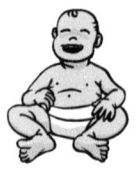

дзіця

немовля

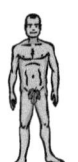

мужчына

чоловік

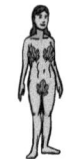

жанчына

жінка

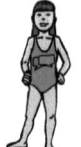

дзяўчынка

дівчина

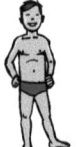

хлопчык

хлопчик

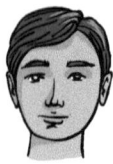

галава

голова

спіна
спина

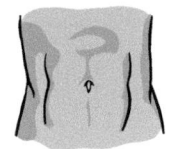

жывот
живіт

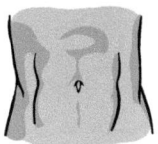

пуп
пуп

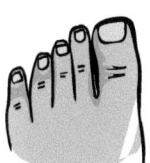

палец нагі
палець ноги

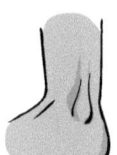

пятка
п'ята

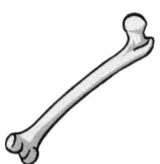

костка
кістка

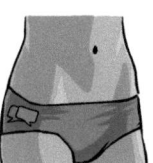

бядро
стегно

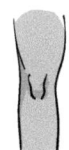

калена
коліно

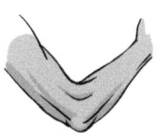

локаць
лікоть

нос
ніс

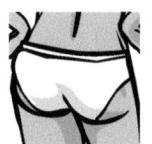

ягадзіца
сідниці

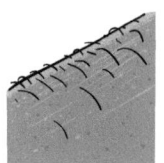

скура
шкіра

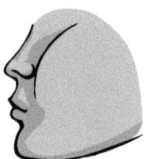

шчака
щока

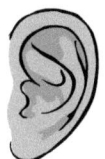

вуха
вухо

губа
губа

цела - тіло

рот

рот

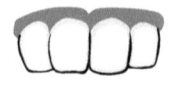

зуб

зуб

язык

язик

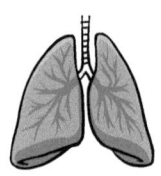

галаўны мозг

мозок

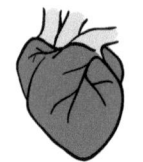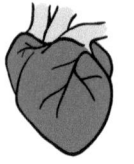

сэрца

серце

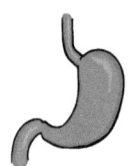

мышца

м'яз

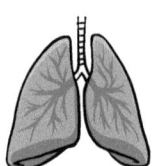

лёгкае

легені

пячонка

печінка

страўнік

шлунок

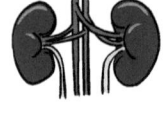

ныркі

нирки

сэкс

статевий акт

прэзерватыў

презерватив

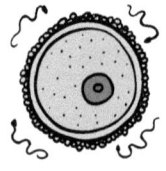

яйцаклетка

яйцеклітина

сперма

сперма

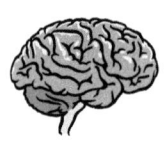

цяжарнасць

вагітність

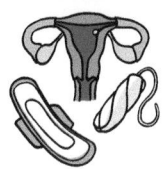

менструацыя

менструація

похва

вагіна

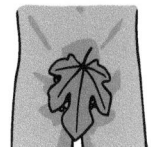

пеніс

пеніс

брыво

брова

валасы

волосся

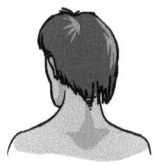

шыя

шия

# шпіталь
# лікарня

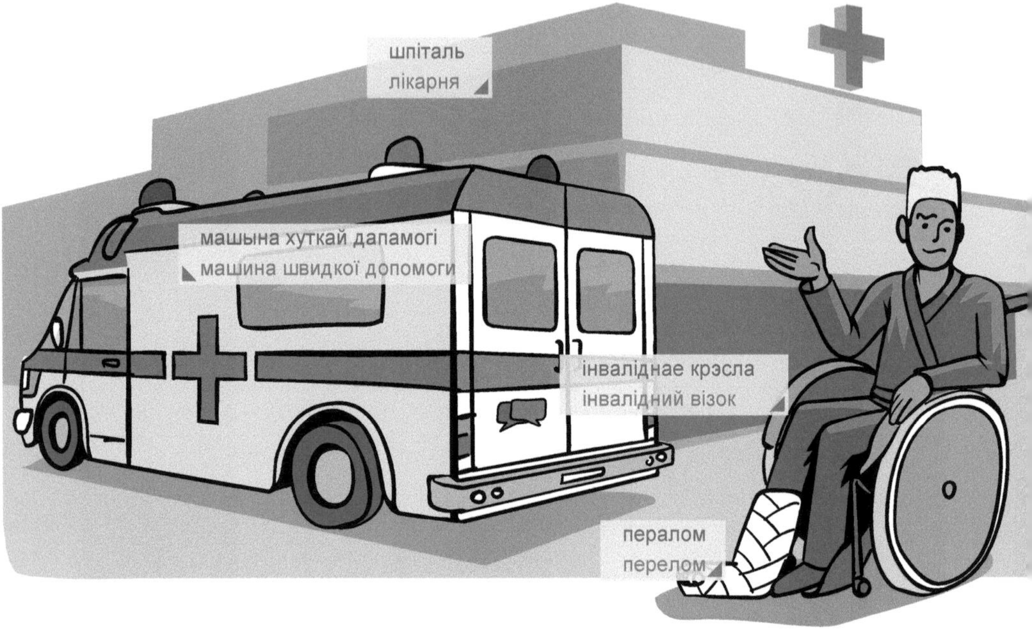

шпіталь
лікарня
машына хуткай дапамогі
машина швидкої допомоги
інваліднае крэсла
інвалідний візок
пералом
перелом

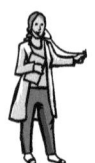

доктар

лікар

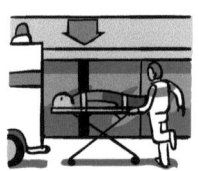

аддзяленне першай дапамогі

відділення швидкої медичної допомоги

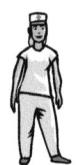

медсястра

медсестра

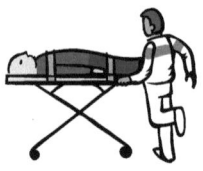

экстраная дапамога

аварійний випадок

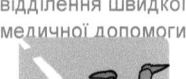

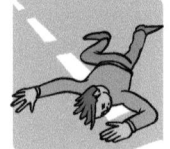

непрытомны

непритомний

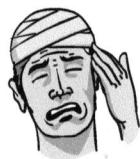

боль

біль

траўма

травма

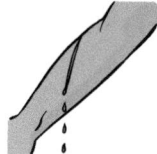

крывацёк

кровотеча

інфаркт

інфаркт

апаплексія

інсульт

алергія

алергія

кашаль

кашель

гарачка

лихоманка

грып

грип

панос

пронос

галаўны боль

головна біль

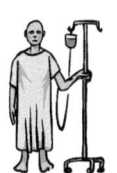

рак

рак

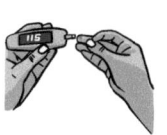

дыябет

діабет

хірург

хірург

скальпель

скальпель

аперацыя

операція

КТ
КТ

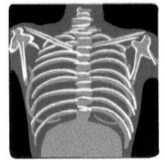

рэнтген
рентген

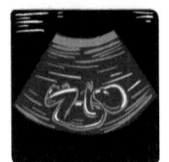

ультрагук
ультразвук

маска
маска

хвароба
хвороба

пачакальня
зал очікування

мыліца
милиця

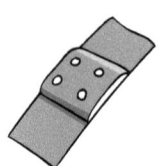

пластыр
пластир

бінт
пов'язка

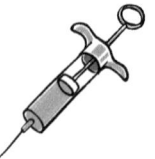

ін'екцыя
ін'єкція

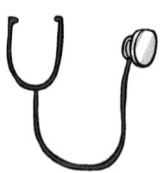

стэтаскоп
стетоскоп

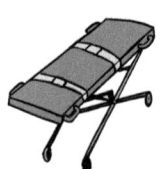

насілкі
ноші

градуснік
термометр

нараджэнне
народження

лішняя вага
надмірна вага

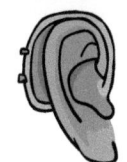

слухавы апарат

слуховий апарат

дэзінфекцыйны сродак

дезінфікуючий засіб

інфекцыя

інфекція

вірус

вірус

ВІЧ/СНІД

ВІЛ / СНІД

лекі

медицина

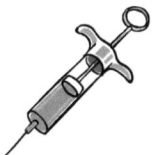

прышчэпка

вакцинація

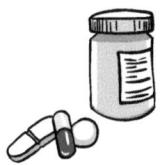

таблеткі

таблетки

супрацьзачаткавая
таблетка

протизаплідна пігулка

экстраны выклік

екстрений виклик

танометр

тонометр

хворы / здаровы

хворий / здоровий

Ратуйце!

Допоможіть!

напад

напад

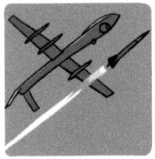

атака

атака

небяспека

небезпека

аварыйны выхад

аварійний вихід

Пажар!

Вогонь!

вогнетушыцель

вогнегасник

сігналізацыя

сигнал тривоги

аварыя

аварія

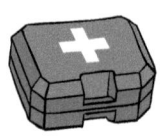

аптэчка

аптечка

СОС

СОС

паліцыя

поліція

Еўропа

Європа

Паўночная Амерыка

Північна Америка

Паўднёвая Амерыка

Південна Америка

Афрыка

Африка

Азія

Азія

Аўстралія

Австралія

Атлантычны акіян

Атлантика

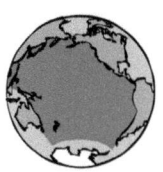

Ціхі акіян

Тихий океан

Індыйскі акіян

Індійський океан

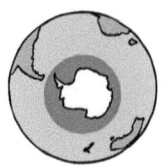

Паўднёвы ледавіты акіян

Антарктичний океан

Паўночны ледавіты акіян

Північний Льодовитий
океан

Паўночны полюс

Північний полюс

Паўднёвы полюс

Південний полюс

Антарктыда

Антарктика

Зямля

Земля

краіна

суша

мора

море

востраў

острів

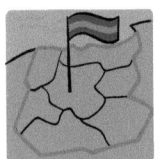

нацыя

нація

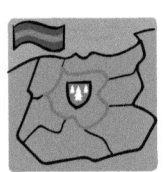

дзяржава

держава

цыферблат

циферблат

гадзінная стрэлка

годинникова стрілка

хвілінная стрэлка

хвилинна стрілка

секундная стрэлка

секундна стрілка

Колькі часу?

Котра година?

дзень

день

час

час

зараз

зараз

электронны гадзіннік

цифровий годинник

хвіліна

хвилина

гадзіна

година

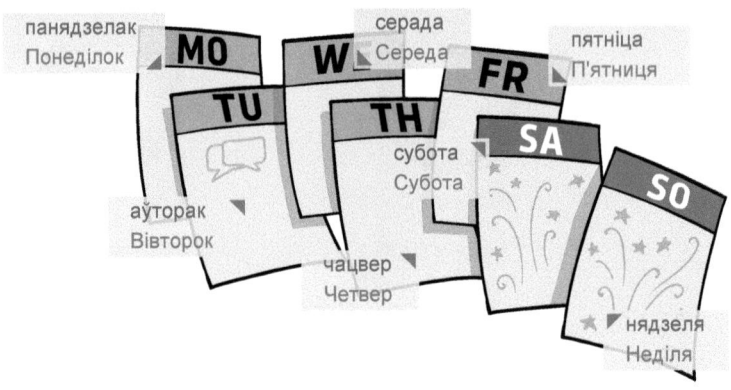

панядзелак
Понеділок

серада
Середа

пятніца
П'ятниця

аўторак
Вівторок

субота
Субота

чацвер
Четвер

нядзеля
Неділя

ўчора
........................
вчора

сёння
........................
сьогодні

заўтра
........................
завтра

раніца
........................
ранок

абед
........................
опівдні

вечар
........................
вечір

працоўныя дні
........................
робочі дні

выхадныя
........................
кінець робочого тижня

# год

# рік

дождж
дощ
вясёлка
веселка
вецер
вітер
снег
сніг
вясна
весна
лета
літо
восень
осінь
зіма
зима


4.APRIL 11°
5.APRIL 4°
6.APRIL 13°
7.APRIL 8°
8.APRIL 10°


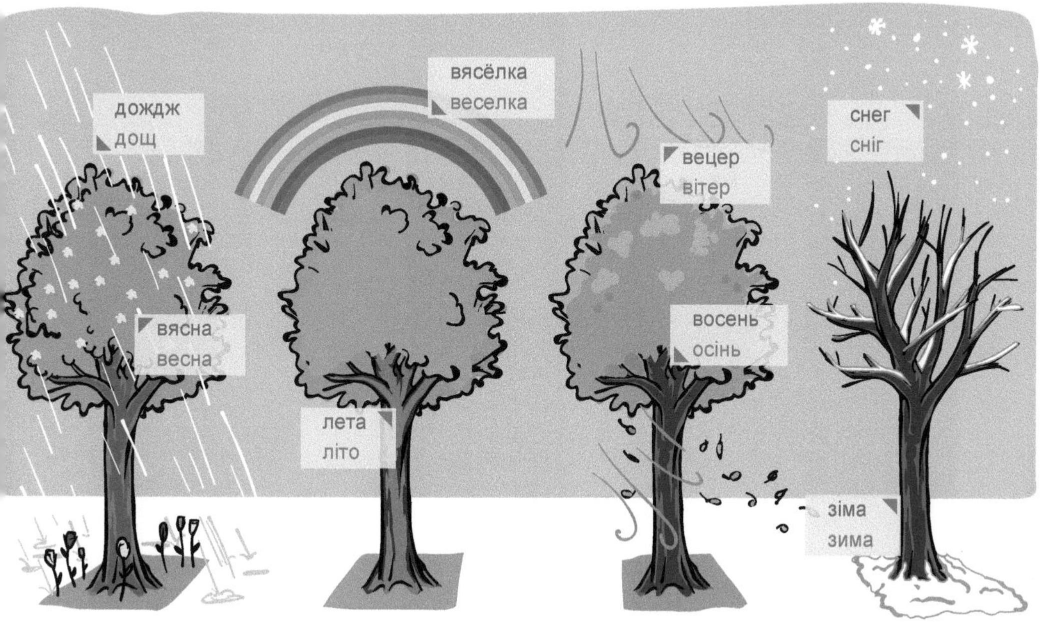

прагноз надвор'я

прогноз погоди

F C
120 90 60 30 0 -30
40 30 20 10 0 -10 -20


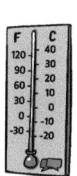

градуснік

термометр

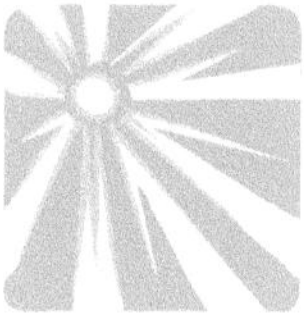

сонечнае святло

сонячне світло

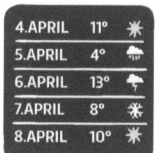

воблака

хмара

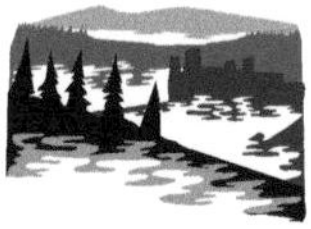

туман

туман

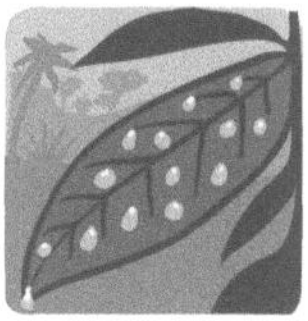

вільготнасць паветра

вологість повітря

маланка
блискавка

гром
грім

бура
шторм

град
град

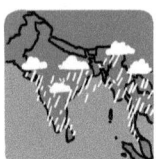

мусонны вецер
мусон

прыліў
повінь

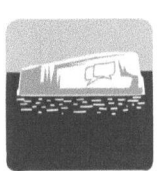

лёд
лід

студзень
Січень

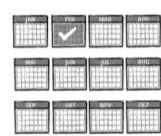

люты
Лютий

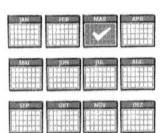

сакавік
Березень

красавік
Квітень

май
Травень

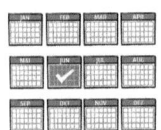

чэрвень
Червень

ліпень
Липень

жнівень
Серпень

год - рік

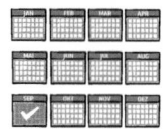

верасень
................
Вересень

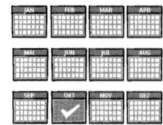

кастрычнік
................
Жовтень

лістапад
................
Листопад

снежань
................
Грудень

# формы

## форми

формы<br/>форми

круг
................
круг

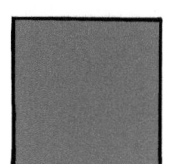

квадрат
................
квадрат

прамавугольнік
................
прямокутник

трохвугольнік
................
трикутник

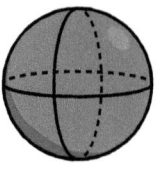

шар
................
куля

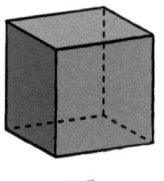

куб
................
куб

белы

.............

білий

жоўты

.............

жовтий

аранжавы

.............

помаранчевий

ружовы

.............

рожевий

чырвоны

.............

червоний

фіялетавы

.............

фіолетовий

сіні

.............

синій

зялёны

.............

зелений

карычневы

.............

коричневий

шэры

.............

сірий

чорны

.............

чорний

шмат / мала

багато / мало

злы / добры

лютий / мирний

прыгожы / брыдкі

гарний / бридкий

пачатак / канец

початок / кінець

высокі / малы

великий / малий

светлы / цёмны

світлий / темний

сястра / брат

брат / сестра

чысты / брудны

чистий / брудний

поўны / няпоўны

завершений /
незавершений

дзень / ноч

день / ніч

мёртвы / жывы

мертвий / живий

шырокі / вузкі

широкий / вузький

ядомы / неядомы

їстівний / неїстівний

злы / добры

злий / дружній

узбуджаны / нудны

збуджений / нудьгуючий

тоўсты / тонкі

товстий / тонкий

першы / апошні

спочатку / востаннє

сябар / вораг

друг / ворог

поўны / пусты

повний / порожній

цвёрды / мяккі

жорсткий / м'який

важкі / лёгкі

важкий / легкий

голад / смага

голод / спрага

хворы / здаровы

хворий / здоровий

нелегальны / легальны

незаконний / законний

разумны / дурны

розумний / дурний

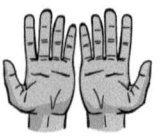

левы / правы

вліво / вправо

побач / далёка

поруч / далеко

новы / былы ва ўжыванні

новий / використаний

нічога / нешта

нічого / щось

стары / малады

старий / молодий

укл / выкл

вкл / викл

адчынены / зачынены

відкрито / закрито

ціхі / гучны

тихо / гучно

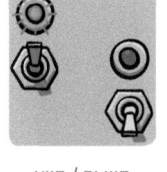

багаты / бедны

багатий / бідний

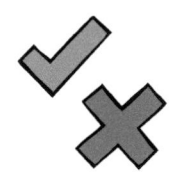

правільна / няправільна

правильно / неправильно

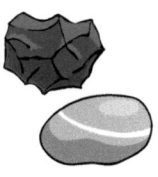

шурпаты / гладкі

шорсткий / гладкий

сумны / шчаслівы

сумний / щасливий

кароткі / доўгі

короткий / довгий

павольны / хуткі

повільно / швидко

вільготны / сухі

вологий / сухий

цёплы / халаднаваты

гарячий / холодний

вайна / мір

війна / мир

**0**

нуль

нуль

**1**

адзін

один

**2**

два

два

**3**

тры

три

**4**

чатыры

чотири

**5**

пяць

п'ять

**6**

шэсць

шість

**7**

сем

сім

**8**

восем

вісім

**9**

дзевяць

дев'ять

**10**

дзесяць

десять

**11**

адзінаццаць

одинадцять

| **12** | **13** | **14** |
|---|---|---|
| дванаццаць | трынаццаць | чатырнаццаць |
| дванадцять | тринадцять | чотирнадцять |

| **15** | **16** | **17** |
|---|---|---|
| пятнаццаць | шаснаццаць | сямнаццаць |
| п'ятнадцять | шістнадцять | сімнадцять |

| **18** | **19** | **20** |
|---|---|---|
| васямнаццаць | дзевятнаццаць | дваццаць |
| вісімнадцять | дев'ятнадцять | двадцять |

| **100** | **1.000** | **1.000.000** |
|---|---|---|
| сто | тысяча | мільён |
| сто | тисяча | мільйон |

англійская
..............
англійська

англійская (Амерыка)
..............
амерыканська англійська

кітайская мандарынская
..............
китайська
високочиновницька

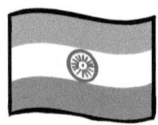

хіндзі
..............
хінді

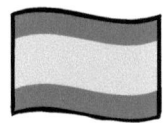

іспанская
..............
іспанська

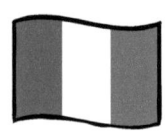

французская
..............
французька

арабская
..............
арабська

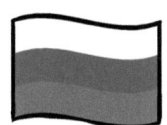

руская
..............
російська

партугальская
..............
португальська

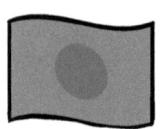

бенгальская
..............
бенгальська

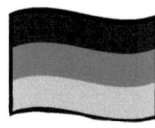

нямецкая
..............
німецька

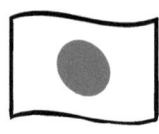

японская
..............
японська

я
я

ты
ти

ён / яна / яно
він / вона / воно

мы
ми

вы
ви

яны
вони

хто?
хто?

што?
що?

як?
як?

дзе?
де?

калі?
коли?

імя
ім'я

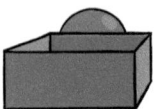

за
............
ззаду

у
............
в

перад
............
перед

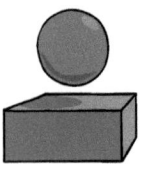

над
............
над

на
............
на

пад
............
під

каля
............
біля

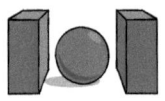

паміж
............
між

месца
............
місце